I LUPI HANNO PAURA DEL BUIO?

HUW LEWIS JONES
Guida sul campo

SAM CALDWELL
Disegnatore di lupi

FRANCO COSIMO PANINI

Ehi, ciao, io sono Huw! Sei pronto a unirti alla mia spedizione? Sarò la tua guida, insieme esploreremo luoghi davvero selvaggi per conoscere meglio uno degli animali più fichi di sempre: il lupo. Ho con me la macchina fotografica e il diario di viaggio, perché c'è sempre qualcosa di nuovo da scoprire.
Io sono Sam e il mio compito è disegnare i lupi che avvisteremo. Sono qui per mostrarti quanto sono incredibili e per aiutarti a comprenderli meglio.

SOMMARIO

SPEDIZIONE LUPO!

Sei pronto per un'avventura?

Anche tu hai una passione per i lupi, eh? Come darti torto: sono animali affascinanti. Ma cosa ne sai davvero? Beh, adesso hai l'opportunità di scoprirlo. Viaggia insieme a noi per incontrare una delle creature più sorprendenti e fraintese del mondo. Ci addentreremo nei boschi, attraverseremo deserti e raggiungeremo l'Artico per osservare i lupi nel loro ambiente naturale. Scoprirai perché vivono dove vivono, quali sono le loro abitudini e cosa possiamo fare per proteggerli.

Alcuni mi dicono: "Chi se ne importa dei lupi? Sono bestiacce cattive e pericolose!". È vero che per vivere devono predare altri animali, ma non sono i "cattivi" delle favole. Tutti dovremmo preoccuparci dei lupi: hanno un ruolo prezioso nel mantenere l'equilibrio degli habitat. Tante persone nel mondo fanno del loro meglio per cercare di aiutarli. E anche tu puoi farlo!

Niente paura

Se hai la fortuna di incontrare un lupo in natura, goditi il momento! Vederne uno in libertà è più unico che raro: a differenza dei cani domestici, i lupi sono elusivi come ninja! Se un lupo incrociasse la tua strada quasi sicuramente se la filerebbe. Altrimenti, potrebbe essere soltanto curioso. Non incoraggiarlo ad avvicinarsi e non dargli cibo. Sono animali selvatici, ed è meglio che restino tali!

Cosa ti serve?

In un'avventura, tutto ciò di cui hai bisogno è un cuore impavido e abiti caldi! Puoi resistere a qualsiasi tipo di intemperia se hai una buona giacca impermeabile. Porta sempre con te un diario per disegnare e prendere appunti. Possono essere utili anche un binocolo o un cannocchiale da osservazione, per avvistare gli animali lontani. E non dimenticare una borraccia per le bevande e una torcia per quando cala la notte...

Saggi come lupi

Questo libro ti mostrerà le diverse specie di lupi, i luoghi incredibili in cui vivono, il cibo che mangiano e le sfide che affrontano ogni giorno nel nostro mondo in continua evoluzione. I lupi sono animali selvatici e avvistarli negli ambienti in cui vivono è un privilegio. Dobbiamo sempre rispettare gli animali e concedere loro lo spazio di cui hanno bisogno.

NELLA FORESTA

Ti piacerebbe incontrare un lupo?

Se ascolti attentamente la foresta al crepuscolo, potresti sentire in lontananza un ululato solitario. Forse si unirebbero altre voci di lupi, facendoti drizzare i capelli e salire un brivido lungo la schiena. Beh: è una cosa incredibile da sentire e non c'è nulla da temere! Quei lupi stanno comunicando tra loro. La gente ha avuto paura dei lupi per migliaia di anni, trasformandoli in un simbolo di ferocia ma, se cercassimo di capirli meglio, potremmo riuscire a vederli in modo diverso.

Legami familiari

I lupi possono sembrare spaventosi, ma in realtà sono animali molto premurosi. Vivono in famiglia (il branco), curano i loro cuccioli e insegnano loro il lavoro di squadra e la lealtà, indispensabili per andare d'accordo. Il legame familiare tra i lupi è così forte che morirebbero per proteggersi a vicenda.

Minuscoli spazi vitali

Man mano che il mondo si riempiva di esseri umani, molte delle terre selvagge in cui vivevano i lupi finivano per scomparire. Le foreste venivano bruciate o abbattute e, in molti paesi, i lupi non avevano più un luogo in cui scappare. Un tempo, per esempio, la Gran Bretagna era piena di lupi, ma non se ne vedono più da oltre 300 anni. E, purtroppo, la distruzione del loro habitat continua ancora oggi...

Una triste storia

Circa 12.000 anni fa gli esseri umani cominciarono ad allevare pecore, capre e mucche per assicurarsi il cibo. Anche i lupi apprezzarono l'idea e lasciarono i boschi per predare gli animali domestici, meno faticosi da cacciare dei selvatici. Gli allevatori iniziarono allora a uccidere i lupi per proteggere il bestiame. Fu così che ebbe inizio la guerra contro i lupi.

Il ritorno

Per fortuna, oggi i lupi in Europa e in Nord America stanno aumentando. Anche in Italia, a partire dalle poche decine di lupi sopravvissuti negli Appennini, generazione dopo generazione, la specie è tornata nei territori da cui era stata spazzata via (sulle Alpi, nei primi del '900).

CUORI SELVAGGI

Dove si trovano i lupi?

I lupi sono sparpagliati su tutto il pianeta. Sono animali adattabili e riescono a cavarsela bene sia nelle calde distese desertiche dell'Asia occidentale che in luoghi freddissimi come la Groenlandia e il nord della Russia. In passato, i lupi vivevano in gran parte dell'emisfero settentrionale. A causa della distruzione del loro habitat e della caccia da parte dell'uomo, ora vivono in aree molto più limitate del mondo.

Grigi e rossi

In Nord America, ci sono due specie di lupi ampiamente riconosciute: il lupo grigio e il lupo rosso. I lupi rossi sono rarissimi, si trovano solo in una piccola area lungo la costa della Carolina del Nord. Le principali sottospecie di lupo grigio in Nord America, invece, sono il lupo artico, il lupo del Nordovest, il lupo delle Grandi Pianure, il lupo messicano e il lupo delle foreste orientali, che alcuni esperti ritengono sia però una specie a sé.

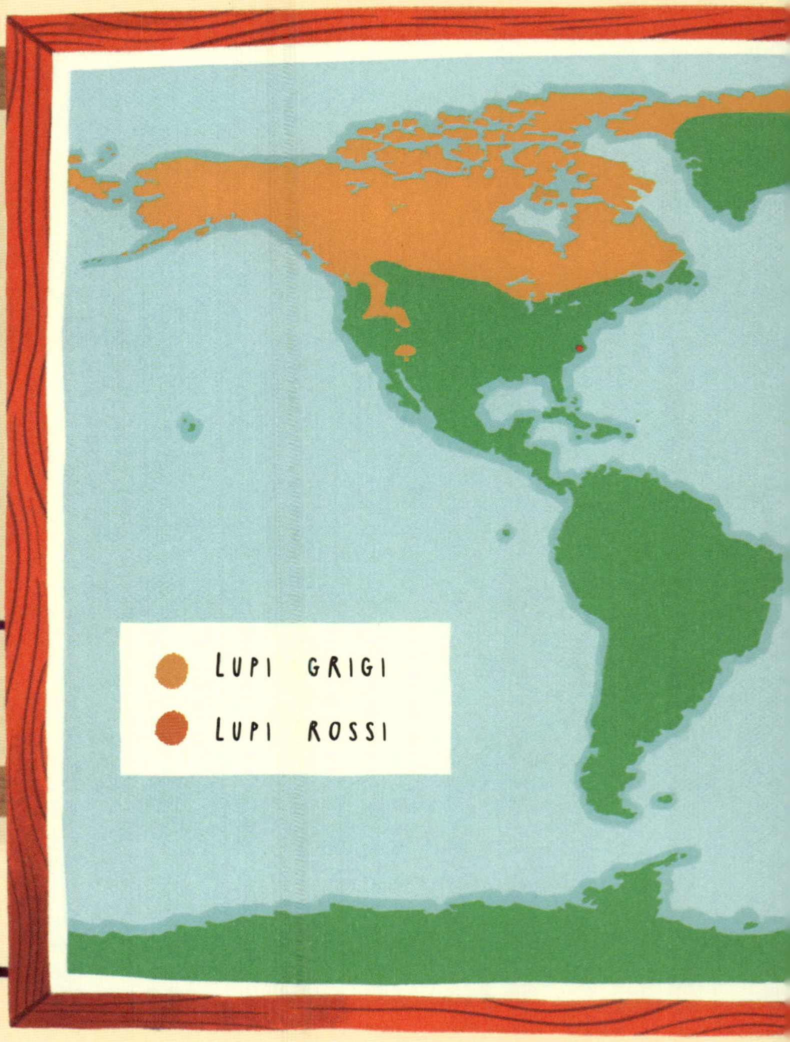

Il grande dibattito

Gli studiosi sono ancora in dubbio su quante siano le specie di lupi esistenti e quante sottospecie di lupo grigio esistano effettivamente. Alcuni affermano che solo in Nord America ci sono più di venti sottospecie, altri dicono che ne esistono solo quattro. Insomma, c'è ancora una certa confusione, ma, dopotutto, alcune sottospecie sono così simili che solo pochi specialisti possono notare la differenza! Quello che davvero conta è che, a qualunque sottospecie appartengano, tutti i lupi sono meravigliosi.

Paese che vai, lupo che trovi

Il nome comune dei lupi varia tra paesi e culture diverse. Per esempio, un lupo grigio che vive in un'area boscosa potrebbe essere chiamato "lupo delle foreste" (anche se "foresta" indica un posto più grande di un bosco, più selvatico e più pieno di alberi), mentre un lupo grigio che vive in un desolato paesaggio nordico potrebbe essere chiamato "lupo della tundra" (la tundra si riferisce a luoghi freddi senza alberi).

In tutto il mondo

Ci sono molte sottospecie di lupo grigio in giro per il mondo, tra cui il lupo appenninico, la sottospecie di lupo presente in Italia, il lupo iberico, che si trova solo in Spagna e Portogallo, il lupo dell'Himalaya, che ha una folta pelliccia per sopravvivere al gelo, e il lupo arabo, che vive in Medio Oriente ed è il lupo più piccolo di tutti.

CONOSCI I TUOI LUPI

I lupi hanno cugini?

I lupi sono i membri più grandi della numerosa famiglia dei canidi, che include volpi, sciacalli, coyote, cani selvatici e cani domestici.

Per scoprire quali membri di questa famiglia sono strettamente imparentati tra loro, guarda i loro nomi scientifici. Il nome scientifico del lupo grigio è *Canis lupus*. La prima parte del nome (in maiuscolo) indica il genere, la seconda (in minuscolo) la specie.

Se due specie diverse hanno lo stesso genere, significa che sono strettamente imparentate. Tutte le specie qui raffigurate sono membri del genere *Canis*!

La Red List IUCN

La Lista Rossa della IUCN *(International Union for Conservation of Nature)* è il più completo inventario del rischio di estinzione degli animali nel mondo. Cerca questo simbolo nelle prossime pagine per scoprire qual è lo stato di conservazione dei lupi e quali specie sono più bisognose di aiuto. Ci sono centinaia di migliaia di lupi grigi sul pianeta, ma esistono molte popolazioni più piccole in diversi paesi che rischiano di scomparire.

Il lupo grigio

La specie di lupo più comune è il lupo grigio. Ce ne sono più di venti sottospecie e... non sono tutti grigi! Possono essere neri, marroni, color sabbia e bianco ghiaccio.

Nomi scientifici

Tutti gli esseri viventi della Terra hanno un nome scientifico composto da due parole latine (talvolta tre), che vengono scritte in corsivo. Questo sistema di denominazione vale in tutto il mondo, il che aiuta le persone di lingue diverse a parlare degli animali senza confondersi troppo.

LUPO GRIGIO

Canis lupus

La specie di lupo più comune.

DOVE? U.S.A., Canada, Groenlandia, Europa, Russia e Cina

QUANTI? 250.000

VIVE PER? 6–12 anni

STATO DI CONSERVAZIONE: Vulnerabile

LUPO ROSSO

Canis rufus

Esistono ancora pochissimi individui di questa specie, e solo in una piccola area degli U.S.A.

DOVE? Carolina del Nord, U.S.A.

QUANTI? Solo 20–30

VIVE PER? 6–7 anni

STATO DI CONSERVAZIONE: Specie in pericolo critico

LUPO ETIOPE

Canis simensis

Detto anche lupo del Simien, assieme al licaone è forse il canide più minacciato dell'intero continente africano. Ha urgente bisogno di protezione.

DOVE? Altopiani dell'Etiopia (Africa centro-orientale)

QUANTI? Forse meno di 400

VIVE PER? 8–9 anni

STATO DI CONSERVAZIONE: In pericolo

LUPO AFRICANO

Canis lupaster

Detto anche lupo egiziano, era precedentemente ritenuto uno sciacallo dorato, ma ora sappiamo che è una specie a sé stante.

DOVE? Nord Africa

QUANTI? Non si sa

VIVE PER? 8 anni

STATO DI CONSERVAZIONE: Rischio minimo

DINGO

Canis dingo

Ingiustamente considerato una piaga biblica, vive principalmente in Australia, ma ne esistono alcune popolazioni anche nel Sud-est asiatico.

DOVE? Australia e Asia sudorientale

QUANTI? 10.000–50.000

VIVE PER? 7–10 anni

STATO DI CONSERVAZIONE: Rischio minimo

COYOTE

Canis latrans

I coyote sono più piccoli dei lupi grigi, e più versatili. Mangiano praticamente qualsiasi cosa e vivono ormai quasi ovunque. Hanno persino colonizzato città come Los Angeles.

DOVE? Nord America

QUANTI? 250.000–750.000

VIVE PER? 6–10 anni

STATO DI CONSERVAZIONE: Rischio minimo

SCIACALLO DORATO

Canis aureus

Gli sciacalli dorati vivono in unità familiari e per sopravvivere possono adattarsi a una dieta sorprendentemente varia, mangiando di tutto: da altri mammiferi alla frutta.

DOVE? Europa e Asia

QUANTI? 150.000

VIVE PER? 8–9 anni

STATO DI CONSERVAZIONE: Rischio minimo

CANE DOMESTICO

Canis familiaris

Il "migliore amico dell'uomo", un tempo, era un lupo. Proprio così: i cani si sono evoluti dai lupi decine di migliaia di anni fa. Vivendo a stretto contatto con gli esseri umani si fecero via via più amichevoli. Alla fine, sono diventati i cani che conosciamo oggi.

DOVE? In tutto il mondo

QUANTI? 900 milioni

VIVE PER? 10–13 anni

STATO DI CONSERVAZIONE: Rischio minimo

ANTICHI ANTENATI

Sono esistiti dei dino-lupi?

Dopo che un asteroide colpì la Terra 66 milioni di anni fa ed eliminò i dinosauri e molti altri predatori, i mammiferi prosperarono. Alla fine, si evolvettero in una vasta varietà di forme e dimensioni. Molto prima dell'arrivo degli esseri umani, sul pianeta si aggiravano creature strane e meravigliose, come mammut, giganteschi armadilli e persino rinoceronti lanosi!

Trovare i loro fossili aiuta i ricercatori a conoscere meglio la storia degli animali. I fossili dei primi lupi grigi ci dicono che comparvero sulla Terra circa un milione di anni fa. Vivevano insieme a incredibili mega-bestie, tra cui enormi orsi delle caverne e felini dai denti a sciabola.

Una donnola bella grossa!

Molti biologi ritengono che il lupo si sia sviluppato da carnivori primitivi noti come Miacidi, vagamente simili a donnole e martore. Queste creature comparvero per la prima volta circa 52 milioni di anni fa.

Proto-lupi

Relativamente tardi nella storia evolutiva dei Miacidi, apparve il primo canide, il Cynodictis. Inseguiva piccole prede pelose sulle sconfinate pianure del Nord America, aveva un corpo snello e assomigliava un po' a una volpe allungata incrociata con un gatto selvatico. Ottimo arrampicatore, poteva vivere sugli alberi.

Feroci metalupi

A Los Angeles i paleontologi hanno trovato ossa di un lontano cugino(ne) del lupo. Pesante circa 68 kg, il *Canis dirus* (lupo terribile), o metalupo, era più grande del lupo grigio, con denti robusti in grado di frantumare le ossa delle sue mega-prede. Probabilmente viveva in branco, come i lupi moderni.

Una traversata epica

Il primo vero lupo grigio, *Canis lupus*, probabilmente è apparso in Europa e Asia circa un milione di anni fa, durante un periodo molto lungo che oggi chiamiamo Pleistocene. Sapevi che Europa e Asia erano una volta collegate al Nord America da un ponte di terra, quando il livello del mare era molto più basso?

Il lupo grigio alla fine migrò in Nord America attraverso questo ponte. Arrivò lì molto prima dei primi esseri umani! Gli antenati dei nativi americani e degli Inuit attraversarono il ponte di terra dall'Asia solo 18.000 anni fa, quando i metalupi ancora vagavano sulla Terra.

CUGINI CA~~N~~RINI

I lupi sono davvero imparentati con i barboncini?

Per alcuni, l'idea che tutti i cani – sì, anche i minuscoli chihuahua e gli insospettabili carlini – non siano altro che lupi grigi addomesticati è difficile da digerire. Ma è così. Il cane è stato il primo animale a essere addomesticato: non c'è ancora un accordo circa la data precisa, ma si parla di almeno 15.000 anni fa. Oggi, i cani sono gli animali domestici più popolari al mondo!

Quattrozampe multiuso

Gli esseri umani scoprirono ben presto che i cani erano utili per la caccia e anche come sistema d'allarme contro le bestie feroci e gli umani intrusi. Senza contare che erano dei gran giocherelloni! Nel corso dei secoli, i cani sono stati allevati per essere bravi in diverse attività, come correre, fare i pastori, trainare slitte o carri e fiutare e recuperare animali durante le battute di caccia.

Così vicini, così lontani

Avendo un antenato in comune, cani e lupi si somigliano. Entrambi sono animali sociali che amano la compagnia. Entrambi hanno un grande senso dell'olfatto, marcano il territorio con il loro odore e utilizzano il linguaggio del corpo per comunicare. Tuttavia, sono anche molto diversi. Mentre i cani sono addomesticati e addestrabili, i lupi sono animali selvatici tendenzialmente schivi e spaventati dagli esseri umani.

Vita in famiglia

Più i cani venivano addestrati e allevati dagli umani, meno assomigliavano ai lupi. Ma non importa quanto siano diversi nell'aspetto: ogni cane, dal vaporoso volpino al gigantesco alano, è un membro della stessa sottospecie di lupo: *Canis familiaris*.

Tempo di giocare

Proprio come i cani, i lupi amano giocare. Saltano in giro, si azzuffano goffamente e si rincorrono. Per avviare il gioco, un lupo si avvicinerà a un altro e assumerà una posa con la testa abbassata e il sedere in alto, invitandolo a iniziare. Questo segnale è conosciuto come *Play Bow*, "inchino per gioco".

CARNE A VOLONTÀ

Cosa mangiano i lupi?

I lupi sono carnivori, il che significa che mangiano altri animali. Sono eccellenti cacciatori, lavorano in squadra e possono correre per molti chilometri senza stancarsi. Tuttavia, la caccia può essere difficile, è rischiosa e non sempre porta i risultati sperati.

I lupi mangiano praticamente qualsiasi cosa respiri, da topi e conigli ad erbivori più grandi, come cinghiali, cervi, alci e bisonti. Quando i lupi sono davvero affamati non disdegnano nemmeno insetti, erbe, ghiande o bacche. Potendo, però, preferiscono sempre mangiare carne.

PASTO PER SINGLE

SPUNTINI D'EMERGENZA

Tutti per uno!

Cacciando insieme, un branco di lupi può catturare grosse prede come gli alci. Un lupo solitario potrebbe doversi accontentare di animali più piccoli come castori, conigli e roditori, che sono più facili da catturare da soli.

Superpredatore

I lupi sono al vertice della catena alimentare, come tigri, orsi e squali. Ma ricorda, anche le piccole cinciallegre e i ghiri sono predatori. Ogni essere vivente ne mangia un altro.

BANCHETTO DI FAMIGLIA

Veri "lupi di mare"

In Canada, lungo la costa selvaggia della British Columbia, là dove la foresta incontra l'oceano, vive una sottospecie unica di lupo grigio, il *Canis lupus crassodon*: con la bassa marea, questi lupi perlustrano attentamente le pozze d'acqua e il bagnasciuga in cerca di ghiotti bocconcini marini come salmoni, polpi, vongole, cirripedi, uova di aringhe, foche e persino balene spiaggiate.

È ora di cena?

A differenza di noi, i lupi non fanno colazione, pranzo e cena. In realtà, a volte passano giorni senza mangiare. Quando lo fanno, però, non si trattengono. Possono tranquillamente mangiare 9 kg di carne in un pasto, pari a circa 200 hot dog!

Perseguitati

I lupi hanno paura delle persone e raramente le attaccano. Ma attaccano gli animali da fattoria, comprese pecore e mucche. È soprattutto per questa ragione che nel corso dei secoli gli esseri umani hanno ucciso milioni di lupi.

NON CALPESTARE!

Perché la cacca è importante?

Il suolo della foresta è coperto da ogni tipo di cose speciali da vedere, e niente è più interessante degli escrementi! Sì, è così che ranger e studiosi chiamano la cacca degli animali. Se stai seguendo degli animali, i loro escrementi possono dirti rapidamente quanto tempo prima sono stati da quelle parti. Abbassati e guarda da vicino: gli escrementi sono ancora caldi?

In nome della scienza

Gli scienziati raccolgono e studiano gli escrementi per ottenere informazioni sugli animali da cui provengono. La cacca ci dice molto sulla loro salute, sulle loro abitudini, sulle dimensioni della loro popolazione e, naturalmente, su cosa hanno mangiato!

Indizi preziosi

Gli studiosi identificano gli animali che sono stati in un'area osservando i loro escrementi. Gli escrementi dei lupi assomigliano spesso a un bozzolo peloso. Poiché i lupi inghiottono praticamente ogni parte degli animali che mangiano, pelliccia compresa, gli escrementi sono racchiusi nei peli in modo che frammenti di ossa appuntiti non perforino il loro stomaco!

Cacca multicolore

I carnivori che mangiano molta carne, come lupi e leoni, producono escrementi compatti a forma di tubo. Le cacche dei lupi sono di solito di colore grigio scuro e lunghe fino a 15 cm, ma chiunque abbia un cane domestico sa che sono possibili tutte le forme e le sfumature di colore!

Ehilà, ciao!

I lupi a volte lasciano le loro cacche in una posizione ben visibile per permettere agli altri di trovarle facilmente. Agiscono come un cartello odoroso, per segnare il territorio e mostrare dove sono stati. Gli escrementi sono ancora più evidenti se il lupo ha raschiato il terreno circostante con le zampe posteriori, come fanno i cani.

SIAMO UNA FAMIGLIA

Come vivono i lupi?

I lupi sono animali sociali e vivono organizzati in gruppi familiari chiamati branchi. I membri di un branco hanno bisogno gli uni degli altri per sopravvivere. Insieme cercano il cibo, si proteggono a vicenda e si prendono cura dei più piccoli. La vita può essere molto difficile per un lupo solitario!

Legami familiari

Ogni branco occupa e difende dagli altri lupi un territorio molto grande. In generale, solo la femmina e il maschio dominanti, cioè la coppia "alfa", possono avere dei cuccioli, ma l'intero branco aiuterà a crescerli. La femmina dominante di solito partorisce una cucciolata all'anno.

Vita di gruppo

Le dimensioni di un branco possono variare molto. Di solito ci sono tra i 5 e gli 11 lupi, ma a volte ce ne sono molti di più! Il branco più grande mai osservato dai ricercatori è stato il "Druid Peak Pack" nel Parco Nazionale di Yellowstone, negli Stati Uniti. Il branco crebbe da appena 8 lupi nel 1999 a 37 nel 2001, prima di dividersi per formare diversi branchi più piccoli.

Comandano mamma e papà

La maggior parte dei branchi è guidata dalla coppia dominante: gli altri devono rispettare le loro regole. Sono loro a guidare il branco e a prendere le decisioni importanti, come quando cacciare, quale percorso seguire o dove e quando dormire.

Meglio insieme

Un branco, di solito, include la coppia dominante e i loro cuccioli nati quell'anno. A volte i cuccioli rimangono più a lungo, e occasionalmente si uniscono a un lupo di un altro branco. Insieme, potranno spostarsi anche per migliaia di chilometri.

GIOVANI LUPI

I lupi si prendono cura l'uno dell'altro?

Di solito una lupa partorisce tra i 4 e i 6 lupacchiotti ogni anno, in aprile o maggio. Quando nascono, i cuccioli sono ricoperti da una fitta peluria scura e pesano più o meno quanto una pagnotta di pane. Inoltre, sono sordi e ciechi. Trascorreranno le loro prime 2 settimane raggomitolati tra le zampe della mamma, finché non riusciranno ad aprire gli occhi.

Rifugi sicuri

Quando si prepara ad avere i cuccioli, la lupa va in cerca di una tana sotto le radici degli alberi o vicino alle rocce. I tipi più comuni di tane sono buche scavate nella terra, ma i lupi utilizzano anche tronchi cavi o alberi, vecchie buche di castori e persino caverne. Spesso le stesse tane vengono riutilizzate anno dopo anno.

Schifoso ma non troppo

I cuccioli bevono il latte della loro mamma fino a circa 6 settimane di età. Da quel momento in poi, i lupi adulti del branco torneranno alla tana dopo la caccia e rigurgiteranno cibo per i piccoli. Può sembrare che stiano vomitando, ma in realtà stanno portando cibo parzialmente digerito dal loro stomaco per far mangiare i lupetti.

Giocattoli da sgranocchiare

I cuccioli sono molto giocherelloni e curiosi. Si inseguono, esplorano in giro, saltellano, si mordicchiano, lottano e si arrampicano l'uno sull'altro. A volte trovano un "giocattolo", come una piuma o un pezzetto di pelliccia, e ci passano ore. I cuccioli si esercitano anche a cacciare imparando a catturare piccoli animali, come conigli o topolini.

Tempo di andare

I cuccioli di lupo iniziano a cacciare con il branco a circa 6 mesi. Fino ad allora, a turno, ogni adulto fa loro da babysitter e, attraverso il gioco, insegna loro le regole e le abilità utili per quando saranno diventati grandi. Dopo il loro primo compleanno, i giovani lupi possono abbandonare la famiglia alla ricerca di un territorio libero dove crearne una tutta loro.

IMPRONTE RIVELATRICI

Riesci a seguire queste tracce?

Un'impronta lasciata da un animale si chiama traccia. Le tracce dei lupi sono più ampie di quelle appartenenti alla maggior parte dei cani domestici e altri canidi. Le loro zampe anteriori sono più grandi di quelle posteriori e le dita si allargano, il che li aiuta a non sprofondare nella neve alta. Di solito, la zampa anteriore di un lupo grigio adulto è lunga circa 11 cm e larga 10 cm.

Di chi sono quelle impronte?

Le foreste nell'emisfero settentrionale sono piene di ogni tipo di tracce. Animali come orsi, lupi, tassi, lontre e conigli lasciano impronte riconoscibili. Altri animali, come cervi, wapiti e alci, lasciano tracce di forma diversa con i loro zoccoli.

Prova a prendermi!

I lupi sono formidabili cacciatori, il che li rende molto difficili da inseguire. Con il loro eccellente senso dell'olfatto e la vista acutissima, riescono a percepire gli esseri umani da oltre 1 km di distanza. Possono anche correre per lunghe distanze: a volte anche 25 km in una sola notte!

Amici piumati

Un modo per individuare i lupi potrebbe essere guardare in alto! I lupi, infatti, sono spesso seguiti o preceduti dai corvi. Queste specie hanno infatti una particolare forma di amicizia, conosciuta come "mutualismo": entrambe cioè traggono vantaggio da una forma di collaborazione. I corvi avvertono i lupi dei pericoli; in cambio si nutrono di ciò che resta dopo una caccia. Gli studiosi hanno scoperto che alcuni corvi costruiscono i loro nidi vicino alle tane dei lupi, e giovani lupi e uccelli sono stati addirittura visti giocare insieme.

Nascondino

Le tracce degli animali sono più facili da vedere in inverno, soprattutto dopo una nevicata, ma se la neve è molto alta, le impronte sembrano solo buchi profondi, difficili da identificare. In mancanza di neve, tieni gli occhi bene aperti e cerca luoghi senza vegetazione, specialmente dopo la pioggia quando il terreno è morbido. Le migliori impronte si trovano di solito nel fango umido, sulla spiaggia durante la bassa marea, o sulle rive vicino a laghi e corsi d'acqua.

VISIONE NOTTURNA

I lupi hanno paura del buio?

Alcune persone fanno ancora brutti sogni popolati da lupi feroci. Probabilmente la colpa è di tutte quelle storie con nonnine divorate in un sol boccone e licantropi assetati di sangue! Ma mi chiedo: anche i lupi fanno brutti sogni? Proprio come gli esseri umani, i lupi provano emozioni come preoccupazione, paura e felicità. Nuove ricerche ci stanno aiutando a capirli meglio, ma cosa pensano davvero i lupi del buio?

Occhi potenziati

Gli occhi dei lupi hanno una struttura chiamata *tapetum lucidum*: come uno specchio riflette contro la retina la luce che entra e crea un'immagine più chiara. Molti animali notturni ce l'hanno: hai presente quando gli occhi dei gatti sembrano brillare di notte? Stai vedendo il *tapetum*!

Perfettamente adattati

I lupi hanno una vista prodigiosa. I loro occhi possono rilevare i più piccoli movimenti nella foresta e riconoscere gli altri lupi da lontano, anche nel buio più pesto. In estate, il branco esce a cacciare al crepuscolo e torna all'alba, evitando la calura del giorno. In inverno, quando il cibo scarseggia, se messo alle strette dai morsi della fame caccia anche di giorno.

L'unione fa la forza

I lupi non hanno molti nemici naturali al di fuori degli esseri umani. Come i lupi, anche orsi grizzly e puma cacciano di notte, ma poiché la maggior parte dei lupi se ne va in giro in branco, questi altri predatori di solito non li disturbano. Anche se gli orsi potrebbero cercare di rubare le loro prede!

Lunghe marce

In inverno, quando c'è poco cibo, i lupi spesso vagano lungo fiumi e laghi ghiacciati, cosa più semplice che attraversare spesse coltri di neve. I lupi sono crepuscolari, il che significa che sono più attivi all'alba e al tramonto. I branchi trascorrono gran parte del giorno riposando: questo dà loro abbastanza energie per percorrere molti chilometri quando comincia a fare buio.

EQUIPAGGIAMENTO SPECIALE

Quali altri superpoteri hanno i lupi?

I lupi hanno un altro super senso: la visione magnetica! I ricercatori hanno trovato una sostanza sensibile alla luce nei loro occhi che consente loro di percepire il campo magnetico terrestre, che per noi è invisibile. È possibile che funzioni come una bussola interna che li aiuta a orientarsi.

Mantello intelligente

Il mantello di un lupo ha due strati: quello esterno è impermeabile e fatto di peli lunghi e diritti; quello interno è fatto di uno spesso sottopelo, soffice e lanoso, che trattiene il calore corporeo e protegge il corpo dal freddo. I lupi che vivono nelle regioni gelide del nord hanno mantelli più fitti e pesanti.

Instancabili maratoneti

I lupi sono sempre in movimento. Possono coprire fino a 50 km al giorno e sono famosi per percorrere distanze enormi ogni anno. Gli scienziati hanno tracciato un lupo della Mongolia che ha viaggiato per 7.247 km in soli 12 mesi!

Forti e veloci

I lupi sono bravissimi a inseguire altri animali. Corrono molto veloci, fino a circa 60 km all'ora per brevi distanze. Le loro potenti mascelle e i loro denti che si chiudono a tenaglia li aiutano a catturare e a trattenere la preda. Un lupo grigio ha il doppio della potenza di morso di un pastore tedesco e può frantumare anche le ossa.

Zanne acuminate

Molti carnivori hanno denti canini aguzzi e appuntiti, anche conosciuti come zanne, utili per uccidere le prede. I canini di un lupo possono essere lunghi fino a 4 cm!

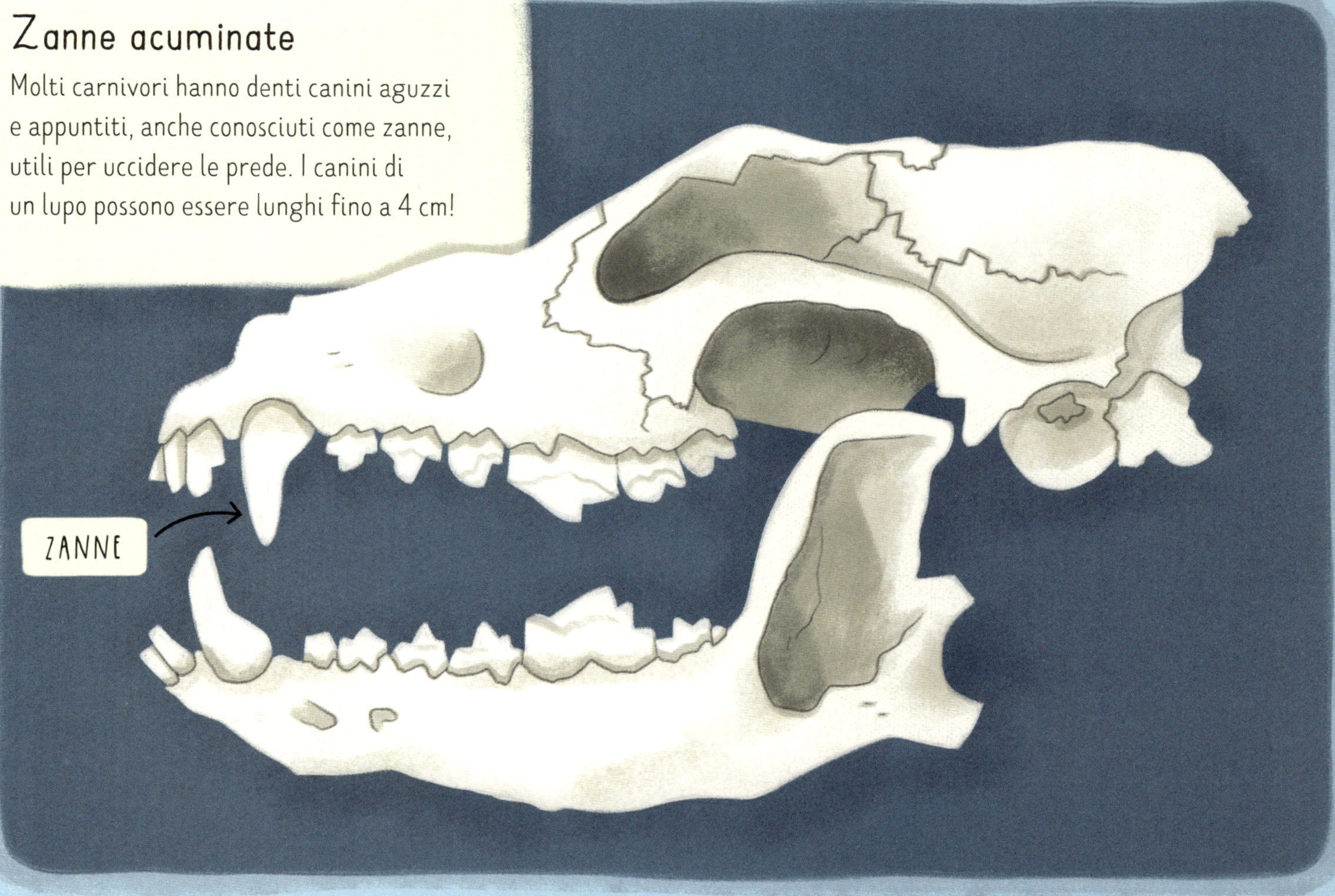

SERENATE ALLA LUNA

Sai parlare lupesco?

I lupi comunicano in modi speciali: certo, a noi risulta tutto incomprensibile, ma tra di loro si intendono perfettamente. Abbaiano, ringhiano, guaiscono e uggiolano, ma quello per cui sono più famosi è sicuramente il loro ululato! Quando un lupo inizia a ululare spesso gli altri si uniscono per un'ululata di gruppo. Sai che a volte i lupi ululano solo per fare musica?

Voci uniche

L'ululato del lupo è uno dei suoni più straordinari in natura: puoi sentirlo soprattutto al tramonto, o alle prime ore della sera. A noi potrebbe sembrare sempre uguale, ma ogni lupo ulula in modo diverso: questo permette ai diversi individui di riconoscersi e di mandare messaggi al branco.

"Lupo ululà..."

Anche se quando lo si vede in un film horror è molto scenografico, i lupi non ululano davvero alla luna. Ululano invece l'uno all'altro. Tuttavia, lo fanno sollevando il muso verso il cielo, poiché ciò consente al suono di arrivare più lontano. L'ululato di un lupo può essere udito per chilometri!

Buoni ascoltatori

I lupi hanno anche un udito eccellente. Puoi vedere le loro orecchie irrigidirsi e ruotare in ogni direzione per percepire suoni lontani. Ciò li aiuta a individuare le prede e i pericoli imminenti, ma, cosa più importante, li aiuta ad ascoltarsi a vicenda.

Voci diverse

Sapevi che i lupi nel mondo parlano con accenti diversi? Gli studiosi hanno scoperto che l'ululato di ciascuna sottospecie ha caratteristiche ben distinguibili: come i dialetti regionali umani! Per esempio, l'ululato del lupo grigio è cupo, con guaiti piatti e profondi; quello del lupo rosso è più melodico e acuto.

AGGIORNAMENTO DI STATO

I lupi possono capirsi a vicenda?

I lupi comunicano non solo con la voce, ma anche attraverso odori, linguaggio corporeo ed espressioni facciali. Una comunicazione chiara consente loro di prendersi cura dei loro cuccioli, difendere il loro territorio e collaborare per cacciare prede molto più grandi di quanto potrebbero fare da soli.

Che odorino

Il senso dell'olfatto dei lupi è cento volte superiore a quello degli esseri umani! Sono in grado di creare una sorta di mappa degli odori di tutto il loro territorio, lasciando il loro in luoghi specifici in modo che, con una semplice annusata, tutti gli elementi del branco riescano a riconoscerlo, mentre gli estranei se ne tengono alla larga. Questi avvertimenti odorosi lasciati in giro si chiamano "marcature".

Una mappa di pipì

Un modo in cui i lupi marcano il loro territorio è facendo pipì in luoghi strategici. Lo fanno sia i lupi maschi che le femmine. La pipì di ciascun lupo ha un odore diverso, ed è probabile che tra lupi possano capire esattamente quale individuo ha lasciato un segno semplicemente annusando bene!

Dai un'occhiata

Ai lupi piace fare pipì in luoghi evidenti. Alberi, pali di recinzioni e rocce sono tutti buoni posti. Puoi pensare alla marcatura del territorio un po' come a dei graffiti invisibili. La usano per dire: "Ero qui!". I lupi producono anche odore dalle ghiandole tra le dita delle zampe, e graffiano e spruzzano la terra per diffondere il loro odore.

Linguaggio del corpo

I lupi possono usare i loro corpi per dire...

RACCONTARE STORIE

I lupi sono davvero così cattivi?

Molte delle nostre storie più antiche parlano di lupi. Si aggirano nei nostri racconti popolari e nelle fiabe da secoli, diffondendo sia meraviglia che paura. Ma non credete a Cappuccetto Rosso o ai Tre Porcellini! I lupi non vogliono mangiare la nonna o soffiare via la vostra casa! Hanno molto più motivo di temere noi che non noi loro.

Con l'aumento del numero di esseri umani nel mondo, i luoghi dove i lupi vivevano da migliaia di anni sono stati distrutti. Sempre più spesso, lupi ed esseri umani sono entrati in contatto, il che di solito ha comportato più problemi per i lupi. Dobbiamo imparare a vivere di nuovo insieme e riscrivere la storia!

Lupi salvifici

Nella mitologia dell'antica Roma, due gemelli, chiamati Romolo e Remo, furono salvati da una lupa che li nutrì con il suo latte.

Creatori di mondi

I lupi hanno una grande importanza nella cultura dei popoli indigeni del Nord America. In molte storie sono un simbolo di intelligenza, guarigione, coraggio e lealtà. I membri della tribù Cree credono che lupi simili a divinità visitassero la Terra quando l'aurora boreale brillava in inverno. Gli sciamani Cheyenne strofinavano le frecce dei guerrieri contro la pelliccia del lupo per assicurarsi il successo nella caccia. Alcune tribù raccontano persino che fu un lupo a creare la Terra.

Miti norreni

Le antiche saghe del Nord raccontano che il dio Odino aveva due compagni lupi: Geri e Freki. Odino dava loro tutto il cibo dalla sua tavola, limitandosi a bere solo vino. Si narra che alla fine dei tempi Odino morirà ingoiato proprio da un gigantesco lupo chiamato Fenrir.

Il dio ululante

In Giappone, il popolo Ainu venerava il lupo come Horkew Kamuy, che significa "dio ululante". I cacciatori Ainu lasciavano anche parte delle prede catturate durante la caccia per i lupi e li trattavano con grande rispetto.

Trasformisti

Secondo i miti di alcuni popoli indigeni, lupi e orche erano creature con spiriti condivisi. Gli Yup'ik in Alaska sostenevano per esempio che potessero cambiare forma e che le orche apparissero come lupi in inverno, e i lupi come orche in estate.

Brutta fama

Quando le Favole di Esopo furono pubblicate in Inghilterra nel 1484, vi si trovavano storie di lupi astuti e famelici, proprio mentre i lupi veri venivano cacciati ovunque e sterminati. Entro il 1760, in Gran Bretagna, tutti i lupi erano scomparsi per sempre.

TEMPI DIFFICILI

I lupi si estingueranno?

Riesci a indovinare qual è l'animale più pericoloso del pianeta? Senza dubbio siamo noi! L'*Homo sapiens* ha distrutto la natura più di qualsiasi altra specie. A causa nostra, i lupi sono scomparsi in più della metà delle aree dove vivevano un tempo. Anche se sparare ai lupi è ora illegale in molti paesi, le leggi sono difficili da far rispettare e molti vengono comunque uccisi. Non possiamo permettere che questi magnifici animali spariscano!

LUPO NERO DELLA FLORIDA

ULTIMO AVVISTAMENTO: 1908

Il lupo nero della Florida, una sottospecie di lupo rosso, è scomparso a causa della distruzione del suo habitat e della caccia spietata degli allevatori preoccupati per il loro bestiame. Viveva vicino all'Indian River Lagoon e amava cibarsi di piccoli cervi e roditori. La Florida ha ancora orsi neri e puma: non sarebbe fantastico se ci fossero di nuovo anche i lupi?

LUPO DI HOKKAIDO

ULTIMO AVVISTAMENTO: 1945

Noto anche come lupo Ezo, questa sottospecie estinta di lupo grigio viveva sull'isola giapponese di Hokkaido e in Siberia meridionale (Russia). Considerato una minaccia per gli animali delle fattorie, venne sterminato dagli agricoltori, spesso con l'uso di bocconi avvelenati. L'ultimo lupo di Hokkaido fu visto sulla remota isola di Sachalin, nell'Estremo Oriente russo.

LUPO DI GREGORY

ULTIMO AVVISTAMENTO: 1980

Il lupo di Gregory è l'ultimo lupo a essersi estinto allo stato selvatico. Noto anche come lupo della valle del Mississippi per via dell'habitat in cui viveva, era una sottospecie del lupo rosso. Il suo manto era un miscuglio di nero, bianco, grigio e fulvo.

IL LUPO PIÙ RARO

MENO DI 20 RIMASTI IN NATURA

Il lupo rosso è quello più a rischio. Nel 1980 è stato dichiarato estinto in natura, ma è stato avviato un programma di riproduzione in cattività per cercare di salvarlo. Ora ne esistono solo pochi in Carolina del Nord, ma si spera che un giorno la popolazione possa aumentare.

Un mondo senza lupi

È molto probabile che gli animali considerati in pericolo critico si estinguano presto, a meno che non agiamo in fretta. La perdita degli ambienti naturali, la caccia, l'inquinamento e il riscaldamento globale sono una seria minaccia di estinzione e, bada bene, per "estinzione" si intende la scomparsa di tutti i membri di una specie! Per sempre!

RITORNO ALLA NATURA

I lupi possono tornare a prosperare?

All'inizio del XX secolo, le cose per i lupi si erano messe molto male. Erano già scomparsi completamente da molti paesi e regioni in tutto il mondo, e in altri il loro numero era pericolosamente basso. Ciò era dovuto principalmente alla caccia da parte degli esseri umani che temevano per i loro animali da fattoria. Fortunatamente, in seguito sono state promulgate leggi per proteggere i lupi e oggi stanno tornando in molte aree.

A zonzo nel parco

Il Parco Nazionale di Yellowstone negli Stati Uniti ospitava un tempo molti lupi, ma nel 1926 erano ormai scomparsi tutti. Nel 1995, gli scienziati reintrodussero nel parco i lupi grigi dal Canada, che da allora sono rimasti lì. Questo progetto di rinaturalizzazione ha riscosso un grande successo e ha aperto la strada a ulteriori reintroduzioni di lupi in altri luoghi. Tuttavia, i lupi che si allontanano dai confini del Parco rischiano di essere abbattuti da persone che non li gradiscono.

Effetti a catena

I lupi hanno un ruolo fondamentale negli ambienti naturali in cui vivono: quando scompaiono da un'area, il numero degli animali che di solito predano, come cervi e alci, cresce troppo. Ciò può portare gli erbivori selvatici a soffrire di fame e di malattie, oltre alla diminuzione di molte piante e alberi essenziali per la salute del bosco.

Ritorno a casa

Grazie alle leggi di protezione e al lavoro di conservazione, il numero di lupi sta aumentando in gran parte dell'Europa. Alcuni stanno ripopolando boschi e montagne, come in Italia, o addirittura rientrando in paesi dove erano assenti da molto tempo, compresi Danimarca e Paesi Bassi.

Braccati a vista

In alcune parti del mondo ci sono leggi che continuano a permettere la caccia ai lupi in luoghi in cui le loro popolazioni sono a rischio. Molte associazioni per la conservazione della specie si oppongono a questo, ma la paura delle persone, e falsi miti e credenze, sono ancora le minacce più grandi per la sopravvivenza dei lupi.

SUPER SCIENZA

La tecnologia può aiutare i lupi?

Esistono molti studi scientifici sui lupi in corso in tutto il mondo. I ricercatori possono apprendere tanto sulla vita quotidiana dei lupi dotandoli di speciali collari che tracciano i loro movimenti. Possono anche raccogliere campioni di sangue ed escrementi per saperne di più sulla loro salute e sulle loro abitudini alimentari.

Collari intelligenti

I collari di tracciamento sono dotati di diversi tipi di tecnologia. Molti hanno un ricevitore GPS, che durante il giorno invia aggiornamenti regolari sulla sua posizione, per mostrare dove si sta spostando il lupo. I collari spesso hanno anche un trasmettitore radio e un dispositivo per inviare avvisi con messaggi di testo. Possono essere programmati per essere sganciati e tolti, in modo che un lupo non debba tenere il collare per sempre.

Ululati in scatola

Per evitare il rischio di causare ferite o stress, si stanno sviluppando nuove tecniche che non prevedono la cattura dei lupi, come la misurazione e la registrazione dei loro suoni. Un progetto nel Montana sta utilizzando un dispositivo remoto chiamato *Howlbox*, "scatola degli ululati", che riproduce l'ululato nella foresta e registra eventuali risposte.

Una migrazione da record

Nel 2011, in Slovenia, un lupo che i ricercatori chiamarono Slavc fu dotato di un collare GPS. In 4 mesi, percorse oltre 2.000 km attraverso le montagne dell'Austria fino alle fattorie e ai vigneti di Verona, in Italia. Attraversò autostrade, nuotò lungo fiumi e affrontò terribili tempeste di neve durante l'inverno. Alla fine, incontrò una lupa di nome Giulietta e insieme crebbero più di 16 cuccioli.

Nei panni di un lupo

Nel 2021, alcuni ricercatori nel Minnesota usarono un collare con una telecamera per filmare il mondo dalla prospettiva di un lupo. Registrò filmati lunghi 30 secondi ogni giorno di quell'estate e si scoprì che il lupo, chiamato V809, passava molto tempo a riposare e a cacciare pesci nel fiume.

VIVERE INSIEME

Imparare il rispetto!

Dobbiamo imparare a convivere con gli altri animali. Noi umani possiamo essere distruttivi, ma abbiamo anche la possibilità di fare grandi cose. Ci sono molte persone in tutto il mondo che cercano di salvare i lupi. Proteggere gli habitat è il modo migliore per garantire un futuro agli animali selvatici.

Più spazio!

È giunto il momento di dedicare più attenzione e amore ai lupi! La maggior parte degli animali selvatici, però, non vuole coccole da parte nostra: desidera solo essere lasciata in pace. Dobbiamo imparare a dare agli animali tutto lo spazio di cui hanno bisogno. Se rispettiamo la natura e proteggiamo gli habitat, i lupi continueranno a riprendersi. Con più lupi, il mondo sarà un luogo più felice, sano e... meravigliosamente selvaggio!

Più tempo!

Tutte le specie di lupo hanno bisogno di habitat sani per sopravvivere. Gli esseri umani purtroppo abbattono le foreste, inquinano i fiumi e contribuiscono al cambiamento climatico, rendendo sempre più difficile per piante e animali prosperare. Ma possiamo ancora aiutare i lupi di tutto il mondo se smettiamo di danneggiare il nostro pianeta.

Smontare gli stereotipi

Uno stereotipo è un'opinione o una credenza condivisa da molte persone, spesso ingiusta o non vera. Gli stereotipi sugli animali si trovano spesso nelle espressioni che usiamo. Ti sei mai chiesto perché diciamo "Tizio è un pollo", o "un asino", o "furbo come una volpe"? Ci sono tanti stereotipi sui lupi. Quali ti vengono in mente?

Più consapevolezza!

Fortunatamente, le opinioni sui lupi stanno cambiando. Abbiamo persino date speciali per celebrarli ogni anno. Il 13 agosto è il "Giorno Internazionale del Lupo", e in Nord America la terza settimana di ottobre è la "Settimana Nazionale della Consapevolezza sul Lupo". Anche tu puoi contribuire organizzando la tua festa del lupo o aiutando a raccogliere fondi per sostenere enti di protezioni e conservazione.

DIZIONARIO LUPESCO

A RISCHIO ESTINZIONE: Specie in grave pericolo, quasi scomparsa del tutto dalla faccia della Terra.

ALLEVAMENTO IN CATTIVITÀ: Pratica che consiste nel catturare coppie o gruppi di animali che vengono nutriti, curati e fatti riprodurre, a volte per progetti di reintroduzione. È spesso considerato l'ultimo tentativo per scongiurare che le specie a rischio cessino di esistere.

CAMBIAMENTI CLIMATICI: Variazioni a lungo termine delle temperature globali e dei modelli meteorologici, causate non solo da processi naturali, ma anche dall'attività umana, compreso l'uso di combustibili fossili, come carbone e petrolio.

CANIDI: Famiglia di mammiferi carnivori diffusa in gran parte del pianeta. Comprende cane, volpe, lupo, sciacallo, coyote, otocione, urocione, crisocione, simenia, nittereute, cuon, licaone e speoto.

CARNIVORO: Un animale che mangia principalmente carne.

CONSERVAZIONE: La protezione degli animali e della natura.

DOMESTICAZIONE: Stato in cui si trovano gli animali e le piante quando le condizioni di alimentazione e riproduzione sono regolate dall'uomo.

ESCREMENTI: La cacca degli animali. Sì, non fare quella faccia! Sono detti anche *feci* o *deiezioni* e sono molto importanti per conoscere un animale, per stabilire quali zone frequenta e che cosa mangia. Gli escrementi sono formati da parti di cibo non digerito e da muco, batteri e acqua.

ESTINZIONE: Diminuzione progressiva o improvvisa del numero degli individui di una determinata specie (animale o vegetale) di esseri viventi presenti sulla Terra, fino alla scomparsa definitiva.

EVOLUZIONE: Il cambiamento nel corso di milioni di anni di una specie, di solito in modo che possa sopravvivere e riprodursi meglio. In latino evolvere significa appunto "cambiare rispetto a prima".

FOSSILI: organismi viventi conservati negli strati rocciosi, che ci raccontano del loro ambiente, svelandoci come si svolgeva la vita sulla Terra milioni di anni fa e come è cambiata.

HABITAT: L'ambiente naturale di animali e piante.

LINGUAGGIO DEL CORPO: Un modo di "parlare" con le azioni, non con parole. All'interno di questa forma di comunicazione esistono segnali intenzionali e appresi e altri del tutto involontari, inconsapevoli e istintivi.

MAGNETORECEZIONE: Il senso degli animali per il campo magnetico della Terra, che dice loro (proprio come fa con noi una bussola) in che direzione stanno andando in ogni momento.

MAMMIFERI: Animali che hanno peli sul corpo e nutrono i loro piccoli allattandoli.

NOME SCIENTIFICO: Fu lo svedese Linneo che definì una regola per attribuire un nome alle specie, nota come nomenclatura binomia. Linneo stabilì che ogni specie dovesse essere indicata da due nomi latini; il primo, più generico, può essere condiviso da più specie simili; il secondo denota esattamente una e una sola specie. Così il nome generico del lupo, *Canis*, è condiviso anche dallo sciacallo e dal coyote. Ma il nome scientifico della specie, *Canis lupus*, si riferisce solo ed esclusivamente al lupo.

PALEONTOLOGO: Studioso di paleontologia, la scienza che studia animali e piante vissuti sulla Terra analizzando i loro resti fossili.

POPOLAZIONE: Il numero di animali della stessa specie che vivono in un determinato luogo o che si sommano in tutto il mondo.

PREDATORE: Un animale che uccide o mangia altri animali.

REINTRODUZIONE: La pratica di rilasciare piante o animali in un'area in cui un tempo vivevano ma dove non esistono più.

RIGURGITARE: Rimettere il cibo ingerito. I lupi adulti rigurgitano il cibo semi-digerito dal loro stomaco per farlo mangiare ai giovani lupi.

RINATURALIZZAZIONE: Il tentativo di rendere di nuovo completo un ecosistema rilasciando piante e animali e permettendo al paesaggio di tornare selvaggio.

SPECIE: Ogni essere vivente (pianta, animale, fungo o organismo unicellulare che sia) appartiene a una specie. La specie è cioè l'unità minima di classificazione, ovvero il raggruppamento più piccolo in cui possono essere inclusi piante, animali o qualsiasi altro essere vivente.

TANA: Un buco nel terreno o una grotta dove gli animali si rifugiano e dove le mamme lupo partoriscono e allattano i loro cuccioli.

TERRITORIO: Un'area in cui un animale o un gruppo di animali vivono: spesso viene difesa da intrusi della stessa specie.

TUNDRA: Una vasta regione gelida, coperta da pianure più o meno ondulate e completamente priva di alberi.

INDEX

Titolo originale: *Are Wolves Afraid of the Dark?*

Per l'edizione italiana:
traduzione: Paola Cantatore
impaginazione: Francesca Rossi

Via Giardini 474/d - 41124 Modena
francopanini.it

Stampato in Cina
Prima edizione: febbraio 2024

ISBN 978-88-570-2075-4

MISTO
Carta | A sostegno della gestione forestale responsabile
FSC® C008047